¿Qué ves en la naturaleza?

Recopilar da

Leonard Clasky

COMPUTACIÓN CIENTÍFICA EN EL MUNDO REAL™

Rosen Classroom™

Caminar por el campo es divertido. Hay muchos animales y plantas que ver.

Tráete un cuaderno; podrás apuntar los animales que veas.

Toma nota de los animales que vayan apareciendo. ¿Cuántos crees que podrás encontrar?

Ves 3 salamandras que descansan en un tronco. Traza 3 marcas bajo la palabra "salamandras" en tu cuaderno.

Ves 2 zorros que juegan a perseguirse. Haz 2 marcas bajo la palabra "zorros".

Ves 4 peces que nadan corriente abajo. Haz 4 marcas bajo la palabra "peces".

Ves 1 halcón que vuela en el cielo. Haz 1 marca bajo la palabra "halcones".

Mira ahora el cuaderno. ¿Qué te dicen las marcas? ¿Qué animal viste con más frecuencia?

¿Qué animal viste con menos frecuencia? Solo hubo un halcón.

¿De qué otro modo puedes recopilar datos durante tu paseo? ¡Tomando fotos!

Palabras que debes aprender

(el) pez

(el) zorro

(el) halcón

(la) salamandra

(el) cuaderno